BEI GRIN MACHT SICH IHR WISSEN BEZAHLT

Franziska Riedel

Klausurvorbereitung. Einführung in die Mediävistik

GRIN Verlag

Bibliografische Information der Deutschen Nationalbibliothek:

Die Deutsche Bibliothek verzeichnet diese Publikation in der Deutschen National-
bibliografie; detaillierte bibliografische Daten sind im Internet über http://dnb.d-
nb.de/ abrufbar.

Impressum:

Copyright © 2012 GRIN Verlag GmbH
Druck und Bindung: Books on Demand GmbH, Norderstedt Germany
ISBN: 978-3-656-71051-6

Dieses Buch bei GRIN:

http://www.grin.com/de/e-book/277800/klausurvorbereitung-einfuehrung-in-die-
mediaevistik

GRIN - Your knowledge has value

Der GRIN Verlag publiziert seit 1998 wissenschaftliche Arbeiten von Studenten, Hochschullehrern und anderen Akademikern als eBook und gedrucktes Buch. Die Verlagswebsite www.grin.com ist die ideale Plattform zur Veröffentlichung von Hausarbeiten, Abschlussarbeiten, wissenschaftlichen Aufsätzen, Dissertationen und Fachbüchern.

Besuchen Sie uns im Internet:

http://www.grin.com/

http://www.facebook.com/grincom

http://www.twitter.com/grin_com

Einführung in die Altgermanistik

Entwicklung des Deutschen:

Althochdeutsch (150-1050):
- Verschriftlichung der Volkssprache löst Vorherrschaft des Latein ab
- 765 1. deutsches Buch „Abrogans" (lat.-ahd. Synonymwörterbuch)
- Literatur in Händen der Kirchen und Klöster, einziges weltliches Zeugnis „Hildebrandslied" (8./9. Jh.)
Mittelhochdeutsch (1050-1350):
- Literatur wird weltlicher, Verbreitung vor allem durch Königs- und Fürstenhöfe
- Entstehung des Minnesangs
- Frühmittelhochdeutsch – mittelhochdeutsche Klassik – Spätmittelhochdeutsch
- wichtige Verfasser: Hartmann von Aue, Wolfram von Eschenbach, Gottfried von Straßburg, Walther von der Vogelweide (Minnesang)
Frühneuhochdeutsch (1350-1650):
- stärkere Bedeutung von Texten allein zur Unterhaltung
- Herausbildung regionaler offizieller Schriftsprachen, zwischen 1650 und 1750 einheitliche deutsche Schriftsprache
Neuhochdeutsch (ab 1650):
- Bemühungen um normative Grammatik
- Einheit und Gemeinsamkeit der Deutschen

Gliederung nach J. Grimm:
- Althochdeutsch 750-1050
- Mittelhochdeutsch 1050-1500
- Neuhochdeutsch ab 1500

Metrik:

- Idealfall: Alternation (regelmäßige Abfolge von Hebung und Senkung)
- bei Störung der Alternation durch zu große Silbenanzahl Wortverschmelzungen und -kürzungen
Kürzungen:
- Apokope: schwachtoniges /e/ am Wortende entfällt (unde → und)
- Synkope: schwachtoniges /e/ im Wortinneren entfällt (gemoc → gmoc)
Verschmelzungen:
- Proklise: voranstehendes Wort gibt Eigenständigkeit auf (ze Ouwe → zOuwe)
- Enklise: nachstehendes Wort gibt Eigenständigkeit auf (ûf daz → ûfz)
- Krasis: beide Wörter geben Eigenständigkeit auf (daz ist → deist)
Reduktionen, die vom Leser und nicht vom Autor durchgeführt werden müssen:
- Elision: wenn folgendes Wort mit Vokal beginnt, kann unbetontes /e/ im Auslaut getilgt werden
- Aphärese: wenn vorhergehendes Wort mit Langvokal endet, kann Vokal im Anlaut getilgt werden
→ Kennzeichnung durch Unterpunktierung

Metrische Analyse:

X: Grundeinheit, Viertelnote   − halbe Note

U: Achtelnote   ^ pausiertes Viertel

- in der Regel 4 Hebungen im höfischen Reimpaarvers
- Hebungen im Vers werden mit Akzenten gekennzeichnet
→ Hauptakzent: ´ (Akut)
→ Nebenakzent ` (Gravis)
- 3 Elemente im Vers: Auftakt, das Versinnere, Kadenz

Auftakt:
- Silbe vor der ersten Hebung im Takt

das Versinnere:
- beginnt immer mit Hebung, endet vor der nächsten (bei Alternation immer zweisilbig)
- Möglichkeiten der Taktfüllung:
→ 1. regelmäßige zweisilbige Taktfüllung: 2 Viertel (Hebung und Senkung), /XX/
→ 2. einsilbige Taktfüllung: beschwerte Hebung, nur bei langen Silben möglich, bei mehrsilbigen Wörtern erhält folgende Silbe Nebenakzent, bei eigenständigem Wort aber Hauptakzent, /–/XX/
→ 3. dreisilbige Taktfüllung: a) wenn 1. Silbe kurz, Aufspaltung der Hebung in 2 Achtel, /UUX/
                                  b) wenn 1. Silbe lang, Aufspaltung der Senkung in 2 Achtel, /XUU/
                      → Aufspaltung nur, wenn weder Elision noch Aphärese möglich

Kadenz:
- beginnt mit letzter Vershebung, Senkung = ^
→ 1. einsilbig volle Kadenz: bei allen einsilbigen Reimwörtern, /X^//
→ 2. zweisilbig volle Kadenz: bei zweisilbigen Reimwörtern, 1. betonte Silbe muss kurz sein, /UU^//
→ 3. zweisilbig klingende Kadenz: bei zweisilbigen Wörtern, 1. betonte Silbe muss lang sein, /–/X^//
                      → 1. Silbe halbe Note, nachfolgende Viertelnote mit Nebenakzent
→ 4. dreisilbig klingende Kadenz: bei allen dreisilbigen Reimwörtern, /XX/X^//, letzte Silbe mit
                              Nebenakzent

Hartmann von Aue:

Herkunft und Leben:
- keine gesicherten Angaben, Quellen sind nur Hartmanns eigene Werke
- lebte ca. 1160 bis 1210
- wahrscheinlich aus dem alemannischen Sprachraum (Schwaben)
- Ouwe: Herkunftsbezeichnung, „Land am Wasser", häufiger Ortsname
- dienstman: niedriger Dienstadel, unfrei

Armer Heinrich:
- Swaben
- adlig
- Ouwe: Namensgleichheit mit Dichter
- höfische Tugenden: hohe Geburt, Reichtum, Adel der guten Gesinnung, Schönheit, Jugend

Lautwandelerscheinungen vom Mhd. zum Nhd.

Vokalismus:

Quantitative Veränderungen:
Dehnung:
a) alle mhd. Verben mit kurzem Vokal in der 1. Silbe werden im Nhd. zu langen Monophthongen
b) einsilbige Wörter auf Konsonant werden ebenfalls gedehnt (z.b. tac → Tag)
Kürzung:
- bevorzugt vor hat und r+ (z.b. brâhte, lêrche → brachte, Lerche)
Vokalschwund:
- Apokope und Synkope

Qualitative Veränderungen:
Monophthongierung:
- mhd. Diphthonge ie, uo, üe → nhd. Monophthonge i:, u:, ü:
→ Merksatz: des bruoders liebe und güete → des Bruders Liebe und Güte
Diphthongierung:
- mhd. Langvokale î, iu und û → nhd. ei, eu, au
→ Merksatz: mîn niuwez hûs → mein neues Haus
Diphthongwandel:
- Änderung der mhd. Diphthonge zu anderen neuhochdeutschen (z.b. keiser, vröude, ouge → Kaiser, Freude, Auge)
Rundung:
- mhd. Vokale e, i, â werden im Nhd. mit gerundeter Lippenstellung gesprochen → ö, ü, o: (z.B. helle, finf, mâne → Hölle, fünf, Mond)
Vokalsenkung vor Nasal:
- mhd. u, ü → nhd. o, ö, besonders vor Nasal m, n (z.B. sunne, sumer, künec → Sonne, Sommer, König)

Konsonantismus:

Anlautveränderungen:
- s vor Konsonant → sch; sl-, sm-, sn-, sw- → schl-, schm-, schn-, schw- (z.B. slange, swîn, smal → Schlange, Schwein, schmal)
- bei s vor t und p nur phonologische, keine graphische Veränderung (z.B. stein, spil → Stein, Spiel)
Inlautveränderungen:
- w und j in intervokalischer Stellung fallen weg (z.B. bûwen, vrouwe, saejen → bauen, Frau, säen)
- nach a wird w zu u vokalisiert (z.B. brâwe → Braue)
- w nach l oder r wird zu b (z.B. varwe → Farbe)
- j nach l oder r wird zu g (z.B. verje → Ferge)
Auslautveränderungen:
- r und re im Auslaut nach î, û und iu meist er (z.B. gîr, bûr → Geier, Bauer)
- nach n und m im Auslaut oft hinzugefügtes d oder t (z.B. nieman, iergen, palas, selbes → niemand, irgend, Palast, selbst)
- s und z → ß oder ss (haz, waz, ros → Hass, was, Ross)

Buch Hiob:
- Hiob lebt als frommer, reicher Mann mit Frau und 10 Kindern im Land Zu
- Satan behauptet Gott gegenüber, Hiob sei nur fromm, weil Gott ihn gesegnet hat
→ Gott erlaubt Satan, Hiob zu prüfen
- Hiob verliert alle Kinder und seinen Besitz durch Hauseinsturz, bleibt Gott treu
- Satan behauptet, Hiob bleibt treu, weil er noch gesund ist → Satan belastet Hiob mit schmerzhafter Geschwürkrankheit
- Katastrophen werden von überlebenden Knechten überbracht (Hiobsbotschaft)
- Hiobs Freunde vermuten Strafen für angebliche Sünden, Hiob beteuert Gottestreue
- Gott spricht zu Hiob und sagt ihm, dass er tatsächlich unschuldig ist
- Hiob verflucht Gott trotz aller Zumutungen und dem Zureden seiner Frau nicht
→ Belohnung: Erlösung von der Krankheit, langes Leben, 10 neue Kinder, das Doppelte vom alten Besitz

Semantik:
- häufig Bedeutungswandel vom Mhd. zum Nhd.
- Bedeutungsverengung (z.B. riuwe: Trauer, Schmerz → heute: Reue)
- Bedeutungserweiterung (z.B. vrouwe: Bezeichnung für eine adlige Frau → heute: jede beliebige Frau)
- Bedeutungsverschlechterung (z.B. wîp: jede Frau, heute: abwertende Bezeichnung für eine Frau)
- Bedeutungsverbesserung
- Bedeutungsverlust (z.B. tjost: ritterlicher Zweikampf)

Höfische Tugenden:
- Gesamtheit aller positiven Eigenschaften, „höfische Vorbildlichkeit"
- hövesch: positives Verhalten am Hof, u.a. Hilfsbereitschaft
- mâze: maßvolles Leben
- milte: Freigiebigkeit
- güete: Freundlichkeit
- manheit: Tapferkeit
- muot: edle Gesinnung, Haltung
- zuht: Erziehung, Bildung
- êre: ritterliches Ansehen
- werdekeit: Würde
- edel: sittlich-religiös vollkommen
- rîche: Herrlichkeit

Motive und Stoffe im „Armen Heinrich":
- Motiv = bedeutungstragendes Element des Stoffes mit einer wiederkehrenden menschlichen Grunderfahrung
- 2 Grundmotive: Aussatz und dessen Heilung

Motivverwandte Texte:
- Silvesterlegende: Kaiser Konstantin wird durch Taufe vom Aussatz geheilt
- ‚Amicus und Amelius'-Legende: Freundschaft und Aussatz, Heilung durch Blut der Kinder

Hermeneutik (mittelalterlich-christliche Bedeutungskunde):

Allegorie: Stilfigur der Übertragung im christlichen Zusammenhang
Metapher: Bild mit geringerer Ausdehnung, Übertragung leichter zu erkennen
Symbol: Sinnbild, Bedeutungsträger, z.b. die blaue Blume als Symbol für den Sinn des Lebens

- res: Grundbedeutung
- proprietates: Eigenschaften des Wortes
- significata: Bedeutung

Allegorien und Metaphern im Armen Heinrich:
- Kerze: res: Licht- und Wärmequelle
        proprietates: verbrennt
        significata: Vergänglichkeit, Hoffnung auf das Paradies, Wirken göttlicher Gnade
- bluome: res: Pflanze
        proprietates: blüht und welkt
        significata: Vergänglichkeit
- Paradiesallegorie (V. 773-812):
        - Paradies als vollkommener Bauernhof, Jesus Christus als Bräutigam
        - Unvollkommenheit des elterlichen Hofes, Vergänglichkeit, deshalb Weltflucht ins Paradies
        - kontrastierende Aussagen über Jenseits und Diesseits (Leben – Tod, Gesundheit – Krankheit)
        - Bezug zum Hohen Lied Salomons: gemahel → Einheit mit Gott durch Hochzeit

Verhältnis von Autor und Publikum:
- Autor sucht Geschichte, um Gott zu ehren und die Leser zu bitten, für ihn zu beten (Heilsgewinn)
- höfisches Publikum (wegen Fähigkeit, lesen und schreiben zu können)
- Autor erwartet von Publikum Interesse an seiner Arbeit und ihre Fürbitte bei Gott als Lohn dafür

Mittelalterliche Gattungen:
- Gattung des Armen Heinrichs nicht klar einzuordnen
Märe:
- Kunde, Nachricht, Erzählung
- kürzere Reimpaardichtung, Genre der Kleinepik mit weltlichen Themen
- Adressat: kunstverständiges adliges Publikum
→ zu weltlich, um Armen Heinrich als Märe zu bezeichnen
Legende:
- Erzählung von Leben, Wirken und Tod eines/einer Heiligen → sehr religiös
- Ziel: Darstellung eines gottbegnadeten Lebens soll Glauben stärken und zum Nachmachen anregen
→ passt nicht wirklich zum Armen Heinrich, da er kein Heiliger ist, aber Stoff ist religiös
Mirakel:
- lat. miraculum → Wunderding, z.B. erstaunliche Dinge, die Menschen vollbringen, plötzliche Heilung
- einzelne Ereignisse aus dem Leben eines Heiligen
- soll belehrend sein als Beispiel göttlichen Wirkens
Erlösungsmärchen:
- keine Festlegung von Ort und Zeit, religiös
- fantastisch, wunderbar, Zusammenhänge, die unrealistisch sind, aber so akzeptiert werden

Versnovelle:
- Novelle in Versform
- unerwartetes Ereignis mit einschneidender Wendung
→ Armer Heinrich: Gesinnungswandel Heinrichs und Ablehnung des Todes des Mädchens als Wendepunkt, da dies zur Heilung und Hochzeit führt
Exempel:
- lat. exemplum → warnendes Beispiel
- didaktisch-moralische Anweisungen für ein gutes Leben
→ Heinrich ist nicht gottesfürchtig und wird dafür bestraft
Höfischer Roman:
- Dichtung des hohen Mittelalters an den Fürstenhöfen
- idealisierte Darstellung der höfischen Lebensweise
→ Heinrich ist zwar Ritter, aber wird von Adel ausgestoßen → eher negatives Bild

Strukturierung:

1. Ausgangssituation (V. 1-132):
- ideales Dasein gerät durch Aussatz als Strafe Gottes in eine Krise

2. Handlungsbeginn (V. 133-266):
- Suche nach Heilung, Verzweiflung und Resignation
- Hiob als Vorbild: lebt trotz Unglück in Gottergebenheit

3. Entstehung neuer Voraussetzungen (V. 267-368):
- Meierhof: Ort familiärer Zuwendung, Stabilität
- achtjährige Tochter versorgt den Kranken

4. Selbstdeutung (V. 369-458):
- Resignation Heinrichs, da er erkennt, dass er keine Hoffnung auf Heilung hat

5. Entschluss zum Opfer (V. 459-1026):
- Opferwillen des Mädchens als Flucht ins Jenseits und aus persönlicher Beziehung zu ihrem Herrn
- Entscheidung Heinrichs bleibt offen

6. Reise nach Salerno (V. 1027-1386):
- Wendepunkt: Verzicht auf das Opfer, da ethische Grenze
- Heilung durch Opferbereitschaft und nachfolgende Verzweiflung

7. Rückkehr und Heirat (V. 1387-1520):
- Wiederherstellung von sozialen Beziehungen und Besitz
- Heirat durch große emotionale Bindung (untypisch)

Das mittelhochdeutsche Verb

starke Verben
Veränderung des Stammvokals
im Präteritum (Ablaut), Partizip II
mit n-Suffix
→ lesen – las – gelesen

schwache Verben
keine Veränderung des Stammvokals
im Präteritum mit Dentalsuffix -te

→ machen – machte – gemacht

unregelmäßige Verben
Präteritopräsentien ‚tugen‘,
Wurzelverben ‚tuon‘,
kontrahierte Verben ‚vân‘, ‚wellen‘